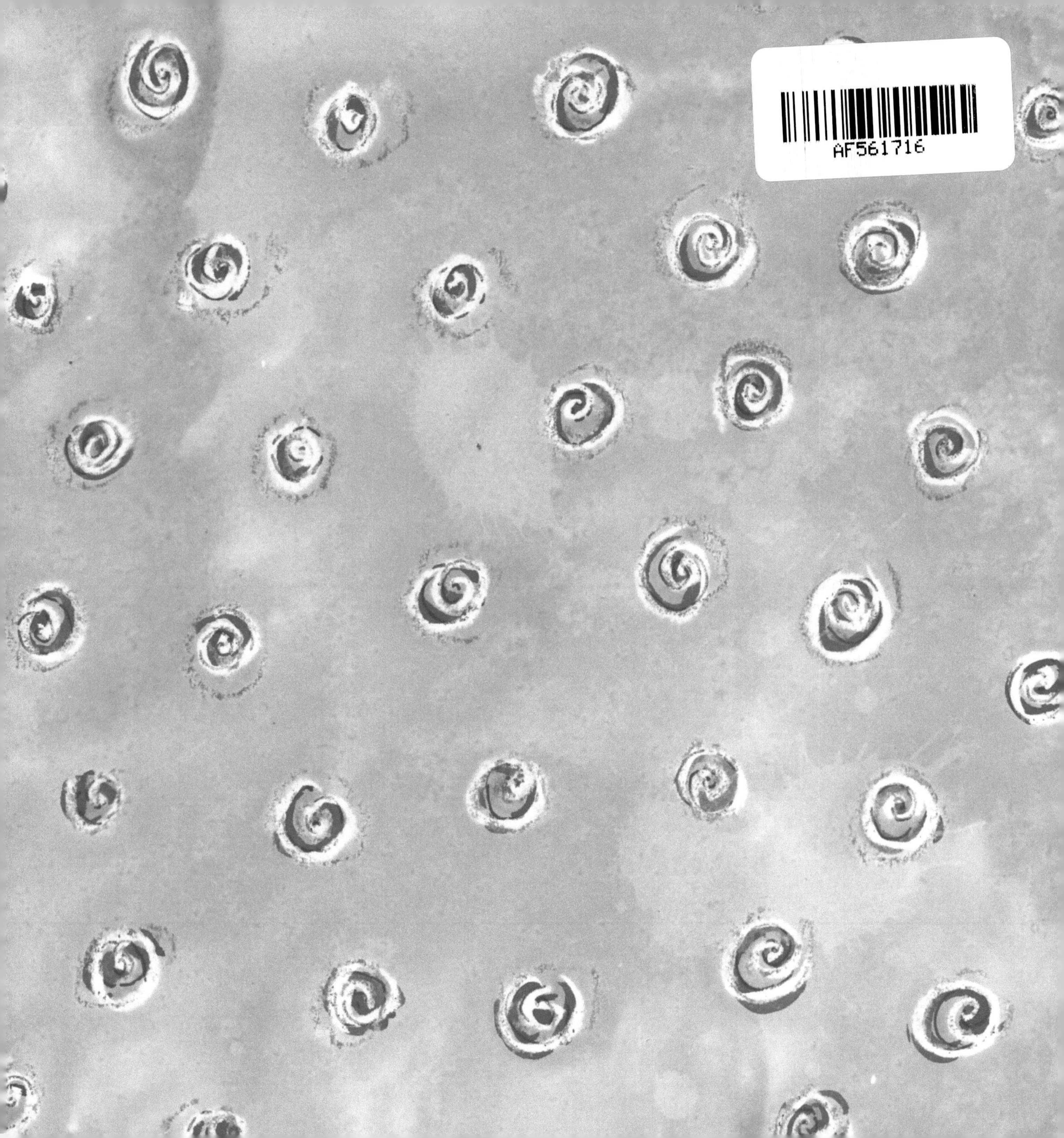

A tiny itsy bitsy gift of life, an egg donor story for twins

www.carmenmartinezjover.com
www.fertilitybooks.net

www.rosemarymartinez.com

ISBN: 9786072934733

Um pequenino PRESENTE DA VIDA,
uma história de doação de óvulos para gêmeos
1a edição, português maio 2022

História: Carmen Martinez Jover
Design & ilustrações: Rosemary Martinez
Layout: Víctor Alfonso Nieto
Tradução para o português de Larissa C. Martins, larissacortinamartins@gmail.com

Encomende a edição personalizada com os nomes de sua família:
Disponível para meninas, meninos e gêmeos.
https://books.carmenmartinezjover.com

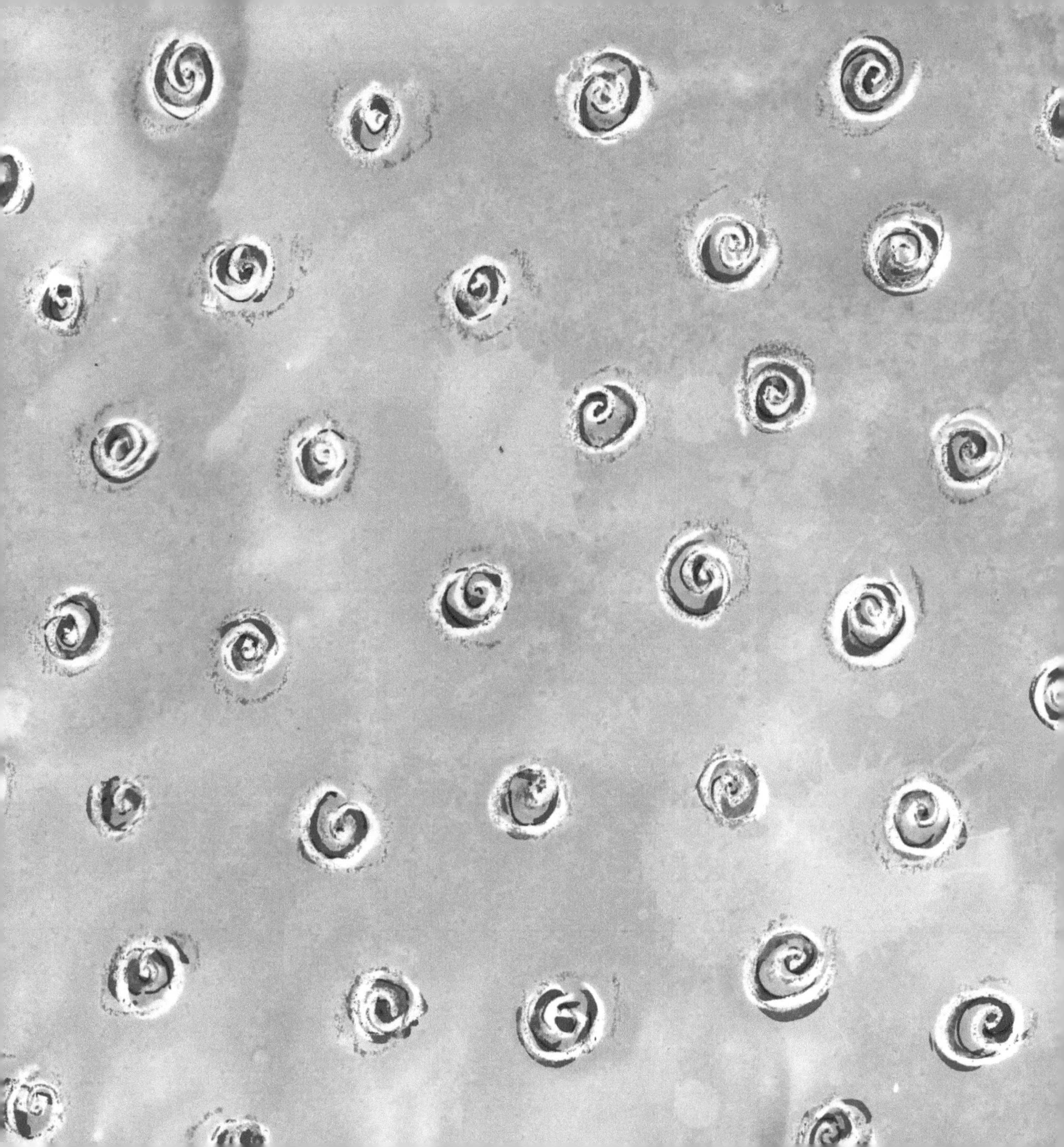

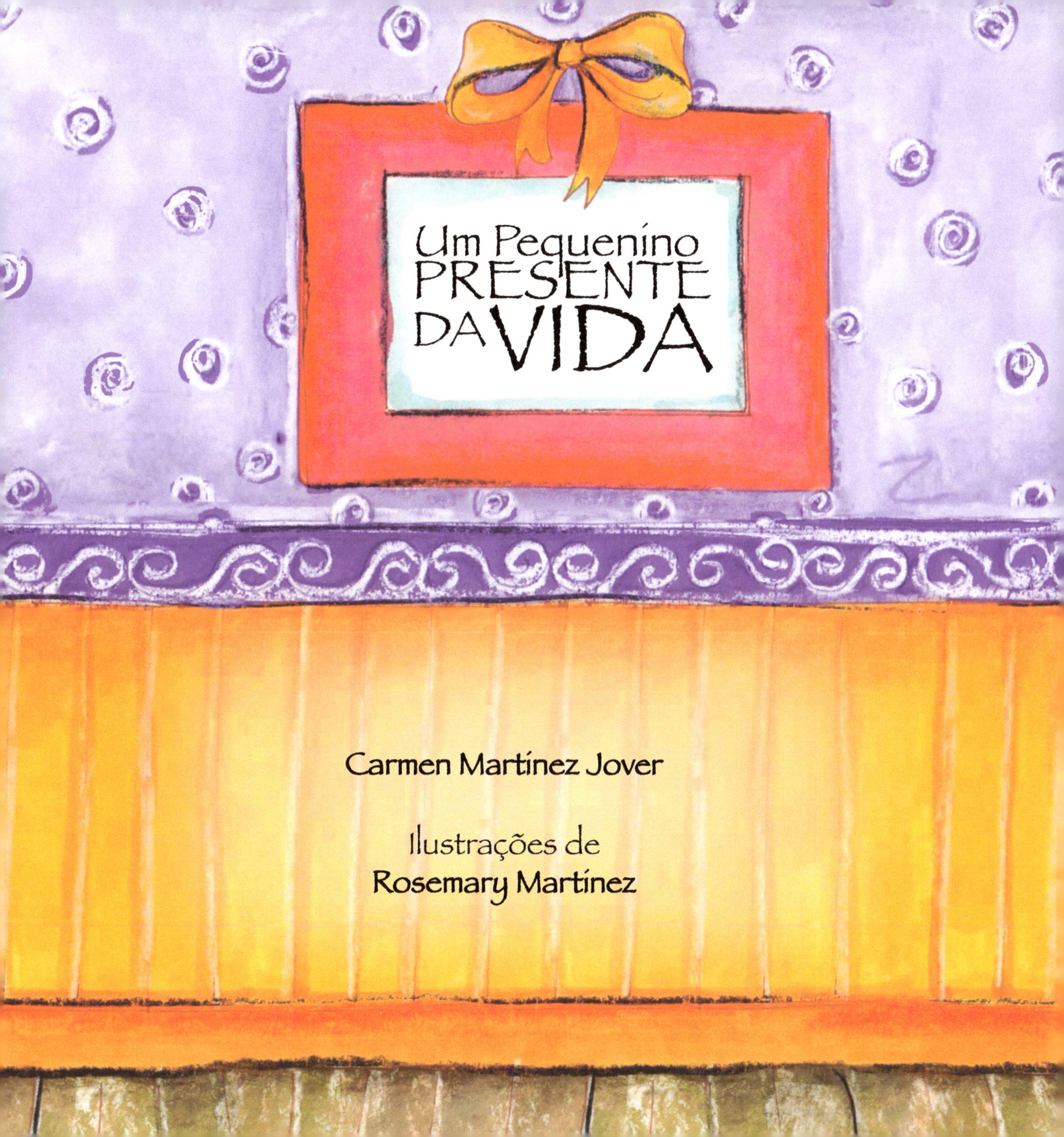

Carmen Martínez Jover

Ilustrações de
Rosemary Martínez

Dedico este livro à minha filha Nicole, por me ensinar como aquilo que eu tinha tanto medo de compartilhar poderia ser fácil, e por me ensinar como aprender a ouvir meu coração.

Carmen

Dedico este livro aos meus pais, por me ensinarem que tudo é possível com amor, e para Joaquín, o amor da minha vida, por me provar que isso é verdadeiro.

Rosemary

Era uma vez dois coelhos:
Comet e Pally.

Eles viviam muito felizes
em sua bela casa.

Eles adoravam ir ao parque e sempre viam muitos coelhinhos por toda parte, mas não tinham os seus bebês coelhinho.

"Eu quero muito ter os nossos coelhinhos. Mal posso esperar pelo dia em que seremos Mamãe e Papai", disse Pally.

"Sim, eu também", respondeu Comet.

"Vamos ver..." ele disse, "para fazer um coelhinho, precisamos de uma pequena sementinha sua e uma pequena sementinha minha."

"Como este biscoito: duas metades formam um ou, se tivermos dois conjuntos de duas metades, teremos dois biscoitos."

Mas veio a primavera ...

o verão passou ...

o outono passou...

e veio o inverno...

e Pally e Comet
ainda não
tinham se
tornado Mamãe
e Papai.

O médico disse a Pally que
ela não tinha mais sementinhas em sua barriga
para fazer bebês coelhinhos.

Ela ficou muito triste.

Em um dia de sol muito especial, uma coelha bateu na porta.

Eles nunca tinham visto aquela senhora antes.

"Olá Pally,
eu tenho um presente
da vida para você.

Eu tenho muitas
pequenas sementinhas
e quero te dar duas.

Estas são as outras
metades que você
precisa para fazer
seus bebês coelhinho",
disse ela.

Pally cuidou desses
pequeninos presentes
como se fossem tesouros,
porque precisava deles para ter seus
bebês coelhinho.

E então Comet disse:
"Olha, Pally, aqui eu tenho as outras
metades dos presentinhos de que
precisamos. Juntas, estas sementes
farão nossos bebês coelhinho, como o
biscoito, lembra?"

"Agora vamos juntar minhas pequenas sementinhas com os seus pequenos presentinhos em sua barriga, para que nossos bebês coelhinho possam crescer", disse Comet.

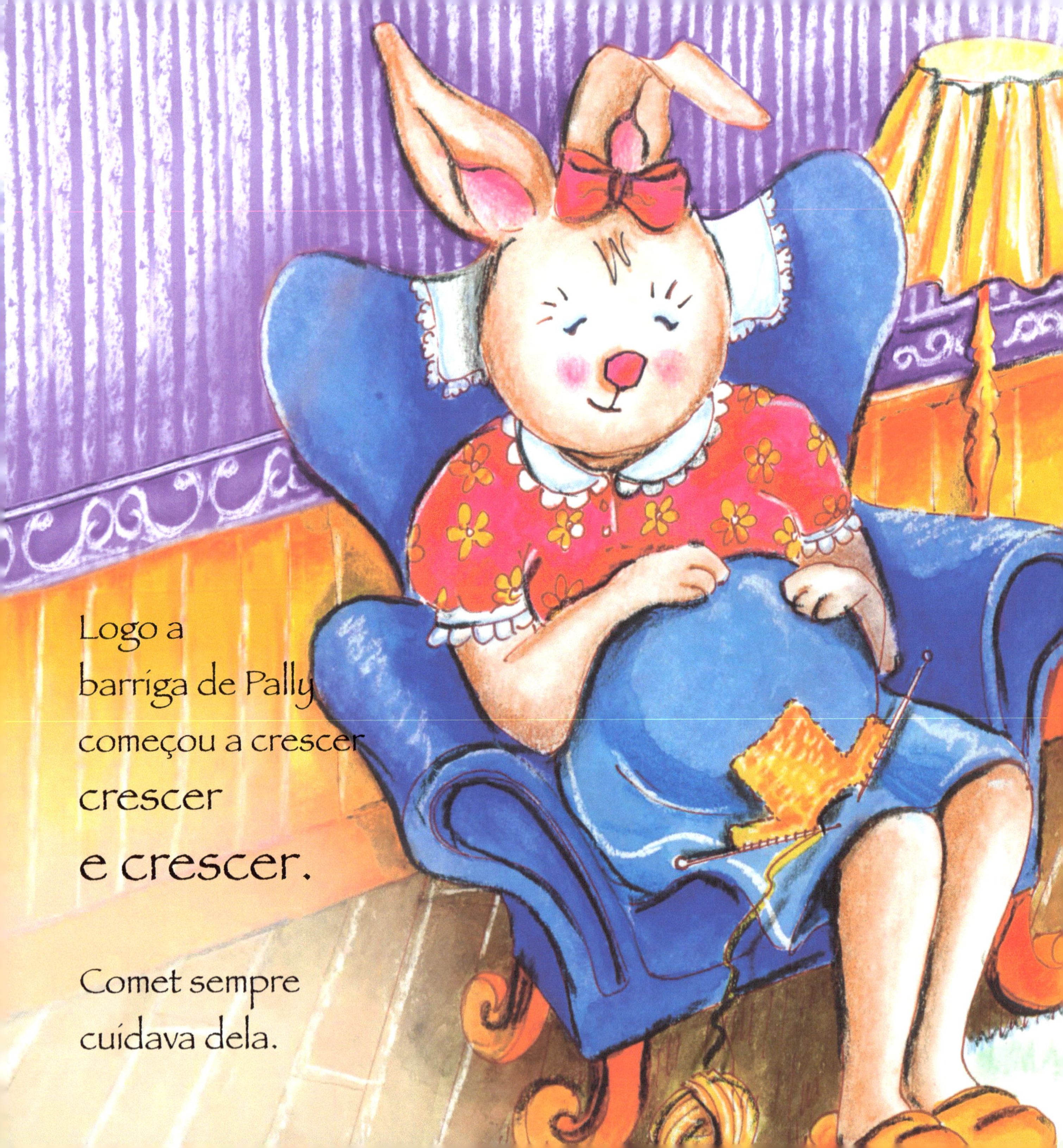

Logo a
barriga de Pally
começou a crescer
crescer
e crescer.

Comet sempre
cuidava dela.

Pally gostava de comer muitas coisas deliciosas para que os bebês coelhinho em sua barriga crescessem bem saudáveis.

Eles começaram a preparar o quarto
dos seus bebês coelhinho.
O quarto mais lindo e amoroso já visto.

Pally e Comet finalmente
se tornaram Mamãe e Papai!

Os lindos bebês coelhinhos nasceram. E eles os chamaram de

Sam e Alex.

Sam e Alex cresceram...

cresceram...

e cresceram...

e eles viveram felizes
para sempre como uma família.

Carmen Martínez Jover
é coach de fertilidade, autora, artista
e palestrante internacional. É também
autora de "I want to have a child,
whatever it takes", uma autobiografia
de sua própria jornada de infertilidade.
www.carmenmartinezjover.com

Rosemary Martínez
é designer premiada
internacionalmente. Suas
ilustrações incríveis tornam essa
história ainda mais divertida para
leitura com seus filhos.
www.rosemarymartinez.com

Sejam heróis de suas próprias histórias.

Personalizem sua história com o seu nome.

www.fertilitybooks.net
books.carmenmartinezjover.com

DOAÇÃO DE OVINHO

Um pequenino PRESENTE DA VIDA,
uma história de doação de óvulos para meninas, meninos e gêmeos

ADOÇÃO

Tempo da alma para nascer,
uma história de adoção

UMA MÃE SOLTEIRA POR OPÇÃO

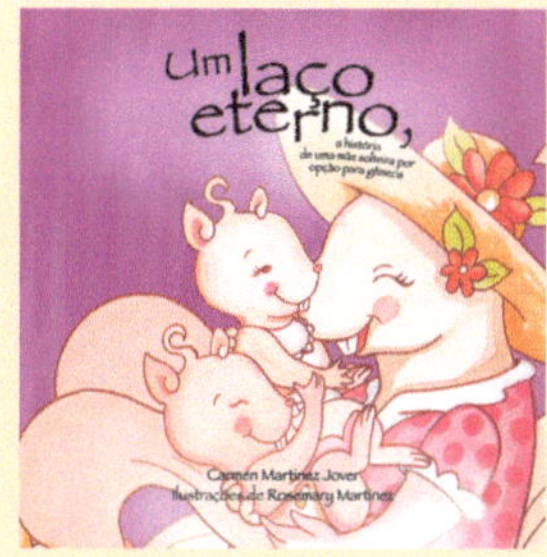

Um laço eterno, a história de uma mãe solteira por opção através da doação de óvulos e esperma

DOAÇÃO DE OVINHO E DE ESPERMA

Dois pequeninos PRESENTES DA VIDA,
uma história de doação de ovinho e de esperma

DOIS PAIS

A caça ao tesouro do bebê canguru, uma história de pais gays para um bebê e gêmeos

Outros livros de: Rosemary e Carmen Martinez Jover

I want to have a child, whatever it takes!

Receitas de como são feitos os bebês

Bloom, wherever you may be planted

Disponível em:

www.ingramcontent.com/pod-product-compliance
Lightning Source LLC
LaVergne TN
LVHW070154230826
846093LV00003B/23
* 9 7 8 6 0 7 2 9 3 4 7 3 3 *